TRANZLATY

La Langue est pour tout le Monde

Η γλώσσα είναι για όλους

La Belle et la Bête

Η Πεντάμορφη και το Τέρας

Gabrielle-Suzanne Barbot de Villeneuve

Français / Ελληνικά

Copyright © 2025 Tranzlaty
All rights reserved
Published by Tranzlaty
ISBN: 978-1-80572-044-7
Original text by Gabrielle-Suzanne Barbot de Villeneuve
La Belle et la Bête
First published in French in 1740
Taken from The Blue Fairy Book (Andrew Lang)
Illustration by Walter Crane
www.tranzlaty.com

Il était une fois un riche marchand
Κάποτε ήταν ένας πλούσιος έμπορος
ce riche marchand avait six enfants
αυτός ο πλούσιος έμπορος είχε έξι παιδιά
il avait trois fils et trois filles
είχε τρεις γιους και τρεις κόρες
il n'a épargné aucun coût pour leur éducation
δεν γλίτωσε κανένα κόστος για την εκπαίδευσή τους
parce qu'il était un homme sensé
γιατί ήταν άνθρωπος με λογική
mais il a donné à ses enfants de nombreux serviteurs
αλλά έδωσε στα παιδιά του πολλούς υπηρέτες
ses filles étaient extrêmement jolies
οι κόρες του ήταν εξαιρετικά όμορφες
et sa plus jeune fille était particulièrement jolie
και η μικρότερη κόρη του ήταν ιδιαίτερα όμορφη
Déjà enfant, sa beauté était admirée
ως παιδί η ομορφιά της ήταν ήδη θαυμαστή
et les gens l'appelaient à cause de sa beauté
και ο κόσμος την αποκαλούσε με την ομορφιά της
sa beauté ne s'est pas estompée avec l'âge
η ομορφιά της δεν έσβησε καθώς μεγάλωνε
alors les gens ont continué à l'appeler par sa beauté
έτσι ο κόσμος την αποκαλούσε με την ομορφιά της
cela a rendu ses sœurs très jalouses
αυτό έκανε τις αδερφές της να ζηλεύουν πολύ
les deux filles aînées avaient beaucoup de fierté
οι δύο μεγαλύτερες κόρες είχαν μεγάλη υπερηφάνεια
leur richesse était la source de leur fierté
ο πλούτος τους ήταν η πηγή της υπερηφάνειάς τους
et ils n'ont pas caché leur fierté non plus
και δεν έκρυψαν ούτε την περηφάνια τους
ils n'ont pas rendu visite aux filles d'autres marchands
δεν επισκέφτηκαν τις κόρες άλλων εμπόρων
parce qu'ils ne rencontrent que l'aristocratie
γιατί συναντιούνται μόνο με την αριστοκρατία

ils sortaient tous les jours pour faire la fête
έβγαιναν κάθε μέρα σε πάρτι
bals, pièces de théâtre, concerts, etc.
μπάλες, θεατρικές παραστάσεις, συναυλίες και ούτω καθεξής
et ils se moquèrent de leur plus jeune sœur
και γέλασαν με τη μικρότερη αδερφή τους
parce qu'elle passait la plupart de son temps à lire
γιατί τον περισσότερο χρόνο της τον περνούσε διαβάζοντας
il était bien connu qu'ils étaient riches
ήταν γνωστό ότι ήταν πλούσιοι
alors plusieurs marchands éminents ont demandé leur main
έτσι αρκετοί επιφανείς έμποροι ζήτησαν το χέρι τους
mais ils ont dit qu'ils n'allaient pas se marier
αλλά είπαν ότι δεν πρόκειται να παντρευτούν
mais ils étaient prêts à faire quelques exceptions
αλλά ήταν έτοιμοι να κάνουν κάποιες εξαιρέσεις
« Peut-être que je pourrais épouser un duc »
«Ίσως θα μπορούσα να παντρευτώ έναν Δούκα»
« Je suppose que je pourrais épouser un comte »
«Υποθέτω ότι θα μπορούσα να παντρευτώ έναν κόμη»
Belle a remercié très civilement ceux qui lui ont proposé
Η ομορφιά ευχαρίστησε πολύ πολιτισμένα όσους της έκαναν πρόταση γάμου
elle leur a dit qu'elle était encore trop jeune pour se marier
τους είπε ότι ήταν ακόμα πολύ μικρή για να παντρευτεί
elle voulait rester quelques années de plus avec son père
ήθελε να μείνει μερικά χρόνια ακόμα με τον πατέρα της
Tout d'un coup, le marchand a perdu sa fortune
Μονομιάς ο έμπορος έχασε την περιουσία του
il a tout perdu sauf une petite maison de campagne
έχασε τα πάντα εκτός από ένα μικρό εξοχικό
et il dit à ses enfants, les larmes aux yeux :
και είπε στα παιδιά του με δάκρυα στα μάτια:
« il faut aller à la campagne »
"Πρέπει να πάμε στην επαρχία"

« et nous devons travailler pour gagner notre vie »
«Και πρέπει να δουλέψουμε για τη ζωή μας»
les deux filles aînées ne voulaient pas quitter la ville
οι δύο μεγαλύτερες κόρες δεν ήθελαν να φύγουν από την πόλη
ils avaient plusieurs amants dans la ville
είχαν αρκετούς εραστές στην πόλη
et ils étaient sûrs que l'un de leurs amants les épouserait
και ήταν σίγουροι ότι ένας από τους εραστές τους θα τους παντρευόταν
ils pensaient que leurs amants les épouseraient même sans fortune
νόμιζαν ότι οι εραστές τους θα τους παντρευόντουσαν ακόμη και χωρίς περιουσία
mais les bonnes dames se sont trompées
αλλά οι καλές κυρίες έκαναν λάθος
leurs amants les ont abandonnés très vite
οι εραστές τους τα εγκατέλειψαν πολύ γρήγορα
parce qu'ils n'avaient plus de fortune
γιατί δεν είχαν πια περιουσίες
cela a montré qu'ils n'étaient pas vraiment appréciés
Αυτό έδειξε ότι δεν τους άρεσαν πραγματικά
tout le monde a dit qu'ils ne méritaient pas d'être plaints
όλοι είπαν ότι δεν τους αξίζει να τους λυπούνται
« Nous sommes heureux de voir leur fierté humiliée »
«Χαιρόμαστε που βλέπουμε την υπερηφάνεια τους να ταπεινώνεται»
« Qu'ils soient fiers de traire les vaches »
«Ας είναι περήφανοι που αρμέγουν αγελάδες»
mais ils étaient préoccupés par Belle
αλλά ανησυχούσαν για την ομορφιά
elle était une créature si douce
ήταν ένα τόσο γλυκό πλάσμα
elle parlait si gentiment aux pauvres
μιλούσε τόσο ευγενικά στους φτωχούς ανθρώπους
et elle était d'une nature si innocente

και ήταν τόσο αθώα
Plusieurs messieurs l'auraient épousée
Θα την είχαν παντρευτεί αρκετοί κύριοι
ils l'auraient épousée même si elle était pauvre
θα την είχαν παντρευτεί κι ας ήταν φτωχή
mais elle leur a dit qu'elle ne pouvait pas les épouser
αλλά τους είπε ότι δεν μπορούσε να τους παντρευτεί
parce qu'elle ne voulait pas quitter son père
γιατί δεν θα άφηνε τον πατέρα της
elle était déterminée à l'accompagner à la campagne
ήταν αποφασισμένη να πάει μαζί του στην εξοχή
afin qu'elle puisse le réconforter et l'aider
για να μπορέσει να τον παρηγορήσει και να τον βοηθήσει
pauvre Belle était très affligée au début
Η φτωχή ομορφιά στην αρχή λυπήθηκε πολύ
elle était attristée par la perte de sa fortune
λυπήθηκε για την απώλεια της περιουσίας της
"Mais pleurer ne changera pas mon destin"
"αλλά το κλάμα δεν θα αλλάξει την τύχη μου"
« Je dois essayer de me rendre heureux sans richesse »
«Πρέπει να προσπαθήσω να κάνω τον εαυτό μου ευτυχισμένο χωρίς πλούτη»
ils sont venus dans leur maison de campagne
ήρθαν στο εξοχικό τους
et le marchand et ses trois fils s'appliquèrent à l'agriculture
και ο έμπορος και οι τρεις γιοι του ασχολήθηκαν με την κτηνοτροφία
Belle s'est levée à quatre heures du matin
η ομορφιά ανέβηκε στις τέσσερις το πρωί
et elle s'est dépêchée de nettoyer la maison
κι εκείνη έσπευσε να καθαρίσει το σπίτι
et elle s'est assurée que le dîner était prêt
και φρόντισε να είναι έτοιμο το δείπνο
au début, elle a trouvé sa nouvelle vie très difficile
στην αρχή βρήκε τη νέα της ζωή πολύ δύσκολη
parce qu'elle n'était pas habituée à un tel travail

γιατί δεν είχε συνηθίσει σε τέτοια δουλειά
mais en moins de deux mois elle est devenue plus forte
αλλά σε λιγότερο από δύο μήνες δυνάμωσε
et elle était en meilleure santé que jamais auparavant
και ήταν πιο υγιής από ποτέ
après avoir fait son travail, elle a lu
αφού είχε κάνει τη δουλειά της διάβασε
elle jouait du clavecin
έπαιζε στο τσέμπαλο
ou elle chantait en filant de la soie
ή τραγουδούσε ενώ κλωσούσε μετάξι
au contraire, ses deux sœurs ne savaient pas comment passer leur temps
αντίθετα οι δύο αδερφές της δεν ήξεραν πώς να περνούν την ώρα τους
ils se sont levés à dix heures et n'ont rien fait d'autre que paresser toute la journée
σηκώθηκαν στις δέκα και δεν έκαναν τίποτα άλλο από το να τεμπελιάζουν όλη μέρα
ils ont déploré la perte de leurs beaux vêtements
θρηνούσαν για την απώλεια των καλών ρούχων τους
et ils se sont plaints d'avoir perdu leurs connaissances
και παραπονέθηκαν ότι έχασαν τους γνωστούς τους
« Regardez notre plus jeune sœur », se dirent-ils.
«Ρίξτε μια ματιά στη μικρότερη αδερφή μας», είπαν μεταξύ τους
"Quelle pauvre et stupide créature elle est"
"Τι φτωχό και ανόητο πλάσμα είναι"
"C'est mesquin de se contenter de si peu"
"είναι κακό να αρκεστείς σε τόσο λίγα"
le gentil marchand était d'un avis tout à fait différent
ο ευγενικός έμπορος είχε εντελώς διαφορετική γνώμη
il savait très bien que Belle éclipsait ses sœurs
ήξερε πολύ καλά ότι η ομορφιά ξεπέρασε τις αδερφές της
elle les a surpassés en caractère ainsi qu'en esprit
τους ξεπέρασε τόσο στο χαρακτήρα όσο και στο μυαλό

il admirait son humilité et son travail acharné
θαύμαζε την ταπεινοφροσύνη και τη σκληρή δουλειά της
mais il admirait surtout sa patience
αλλά περισσότερο από όλα θαύμαζε την υπομονή της
ses sœurs lui ont laissé tout le travail à faire
οι αδερφές της της άφησαν όλη τη δουλειά
et ils l'insultaient à chaque instant
και την έβριζαν κάθε στιγμή
La famille vivait ainsi depuis environ un an.
Η οικογένεια είχε ζήσει έτσι για περίπου ένα χρόνο
puis le commerçant a reçu une lettre d'un comptable
τότε ο έμπορος πήρε ένα γράμμα από έναν λογιστή
il avait un investissement dans un navire
είχε μια επένδυση σε ένα πλοίο
et le navire était arrivé sain et sauf
και το πλοίο είχε φτάσει με ασφάλεια
Cette nouvelle a fait tourner les têtes des deux filles aînées
Τα νέα του γύρισαν τα κεφάλια των δύο μεγαλύτερων κορών
ils ont immédiatement eu l'espoir de revenir en ville
είχαν αμέσως ελπίδες να επιστρέψουν στην πόλη
parce qu'ils étaient assez fatigués de la vie à la campagne
γιατί ήταν αρκετά κουρασμένοι από τη ζωή της επαρχίας
ils sont allés vers leur père alors qu'il partait
πήγαν στον πατέρα τους καθώς έφευγε
ils l'ont supplié de leur acheter de nouveaux vêtements
τον παρακάλεσαν να τους αγοράσει καινούργια ρούχα
des robes, des rubans et toutes sortes de petites choses
φορέματα, κορδέλες και κάθε λογής μικροπράγματα
mais Belle n'a rien demandé
αλλά η ομορφιά δεν ζήτησε τίποτα
parce qu'elle pensait que l'argent ne serait pas suffisant
γιατί πίστευε ότι τα χρήματα δεν επρόκειτο να είναι αρκετά
il n'y aurait pas assez pour acheter tout ce que ses sœurs voulaient

δεν θα ήταν αρκετό για να αγοράσει όλα όσα ήθελαν οι αδερφές της
"Que veux-tu, ma belle ?" demanda son père
«Τι θα ήθελες, ομορφιά;» ρώτησε ο πατέρας της
« Merci, père, pour la bonté de penser à moi », dit-elle
«Σε ευχαριστώ, πατέρα, για την καλοσύνη να με σκέφτεσαι», είπε
« Père, ayez la gentillesse de m'apporter une rose »
"Πατέρα, να είσαι τόσο ευγενικός να μου φέρεις ένα τριαντάφυλλο"
"parce qu'aucune rose ne pousse ici dans le jardin"
"γιατί δεν φυτρώνουν τριαντάφυλλα εδώ στον κήπο"
"et les roses sont une sorte de rareté"
"και τα τριαντάφυλλα είναι ένα είδος σπανιότητας"
Belle ne se souciait pas vraiment des roses
η ομορφιά δεν νοιαζόταν πραγματικά για τα τριαντάφυλλα
elle a juste demandé quelque chose pour ne pas condamner ses sœurs
ζήτησε μόνο κάτι για να μην καταδικάσει τις αδερφές της
mais ses sœurs pensaient qu'elle avait demandé des roses pour d'autres raisons
αλλά οι αδερφές της νόμιζαν ότι ζήτησε τριαντάφυλλα για άλλους λόγους
"Elle l'a fait juste pour avoir l'air particulière"
"Το έκανε για να φαίνεται ιδιαίτερο"
L'homme gentil est parti en voyage
Ο ευγενικός άνθρωπος πήγε στο ταξίδι του
mais quand il est arrivé, ils se sont disputés à propos de la marchandise
αλλά όταν έφτασε μάλωναν για το εμπόρευμα
et après beaucoup d'ennuis, il est revenu aussi pauvre qu'avant
και μετά από πολύ κόπο γύρισε φτωχός όπως πριν
il était à quelques heures de sa propre maison
ήταν μέσα σε λίγες ώρες από το σπίτι του
et il imaginait déjà la joie de revoir ses enfants

και φαντάστηκε ήδη τη χαρά που έβλεπε τα παιδιά του
mais en traversant la forêt, il s'est perdu
αλλά περνώντας μέσα από το δάσος χάθηκε
il a plu et neigé terriblement
έβρεχε και χιόνιζε τρομερά
le vent était si fort qu'il l'a fait tomber de son cheval
ο αέρας ήταν τόσο δυνατός που τον πέταξε από το άλογό του
et la nuit arrivait rapidement
και η νύχτα ερχόταν γρήγορα
il a commencé à penser qu'il pourrait mourir de faim
άρχισε να σκέφτεται ότι μπορεί να πεινάει
et il pensait qu'il pourrait mourir de froid
και σκέφτηκε ότι μπορεί να παγώσει μέχρι θανάτου
et il pensait que les loups pourraient le manger
και σκέφτηκε ότι μπορεί να τον φάνε οι λύκοι
les loups qu'il entendait hurler tout autour de lui
οι λύκοι που άκουγε να ουρλιάζουν γύρω του
mais tout à coup il a vu une lumière
αλλά ξαφνικά είδε ένα φως
il a vu la lumière au loin à travers les arbres
είδε το φως από μακριά μέσα από τα δέντρα
quand il s'est approché, il a vu que la lumière était un palais
όταν πλησίασε είδε ότι το φως ήταν ένα παλάτι
le palais était illuminé de haut en bas
το παλάτι ήταν φωτισμένο από πάνω μέχρι κάτω
le marchand a remercié Dieu pour sa chance
ο έμπορος ευχαρίστησε τον Θεό για την τύχη του
et il se précipita vers le palais
και έσπευσε στο παλάτι
mais il fut surpris de ne voir personne dans le palais
αλλά έμεινε έκπληκτος που δεν είδε κανέναν κόσμο στο παλάτι
la cour était complètement vide
η αυλή του δικαστηρίου ήταν εντελώς άδεια
et il n'y avait aucun signe de vie nulle part

και δεν υπήρχε πουθενά σημάδι ζωής
son cheval le suivit dans le palais
το άλογό του τον ακολούθησε στο παλάτι
et puis son cheval a trouvé une grande écurie
και τότε το άλογό του βρήκε μεγάλο στάβλο
le pauvre animal était presque affamé
το καημένο ζώο είχε σχεδόν πεινάσει
alors son cheval est allé chercher du foin et de l'avoine
έτσι το άλογό του μπήκε να βρει σανό και βρώμη
Heureusement, il a trouvé beaucoup à manger
ευτυχώς βρήκε πολλά να φάει
et le marchand attacha son cheval à la mangeoire
και ο έμπορος έδεσε το άλογό του στη φάτνη
En marchant vers la maison, il n'a vu personne
Προχωρώντας προς το σπίτι δεν είδε κανέναν
mais dans une grande salle il trouva un bon feu
αλλά σε μια μεγάλη αίθουσα βρήκε μια καλή φωτιά
et il a trouvé une table dressée pour une personne
και βρήκε ένα τραπέζι στρωμένο για έναν
il était mouillé par la pluie et la neige
ήταν βρεγμένος από τη βροχή και το χιόνι
alors il s'est approché du feu pour se sécher
έτσι πήγε κοντά στη φωτιά να στεγνώσει
« J'espère que le maître de maison m'excusera »
«Ελπίζω ο κύριος του σπιτιού να με συγχωρέσει»
« Je suppose qu'il ne faudra pas longtemps pour que quelqu'un apparaisse »
«Υποθέτω ότι δεν θα αργήσει να εμφανιστεί κάποιος»
Il a attendu un temps considérable
Περίμενε αρκετή ώρα
il a attendu jusqu'à ce que onze heures sonnent, et toujours personne n'est venu
περίμενε μέχρι να χτυπήσει έντεκα, και ακόμα κανείς δεν ήρθε
enfin, il avait tellement faim qu'il ne pouvait plus attendre
επιτέλους ήταν τόσο πεινασμένος που δεν μπορούσε να

περιμένει άλλο
il a pris du poulet et l'a mangé en deux bouchées
πήρε λίγο κοτόπουλο και το έφαγε σε δύο μπουκιές
il tremblait en mangeant la nourriture
έτρεμε ενώ έτρωγε το φαγητό
après cela, il a bu quelques verres de vin
μετά από αυτό ήπιε μερικά ποτήρια κρασί
devenant plus courageux, il sortit du hall
όλο και πιο θαρραλέος βγήκε από την αίθουσα
et il traversa plusieurs grandes salles
και διέσχισε πολλές μεγάλες αίθουσες
il a traversé le palais jusqu'à ce qu'il arrive dans une chambre
περπάτησε μέσα από το παλάτι μέχρι που μπήκε σε μια κάμαρα
une chambre qui contenait un très bon lit
ένας θάλαμος που είχε ένα πολύ καλό κρεβάτι μέσα του
il était très fatigué par son épreuve
ήταν πολύ κουρασμένος από τη δοκιμασία του
et il était déjà minuit passé
και η ώρα ήταν ήδη μεσάνυχτα
alors il a décidé qu'il était préférable de fermer la porte
οπότε αποφάσισε ότι ήταν καλύτερο να κλείσει την πόρτα
et il a conclu qu'il devrait aller se coucher
και κατέληξε στο συμπέρασμα ότι έπρεπε να πάει για ύπνο
Il était dix heures du matin lorsque le marchand s'est réveillé
Ήταν δέκα το πρωί όταν ξύπνησε ο έμπορος
au moment où il allait se lever, il vit quelque chose
την ώρα που επρόκειτο να σηκωθεί είδε κάτι
il a été étonné de voir un ensemble de vêtements propres
έμεινε έκπληκτος βλέποντας ένα καθαρό σετ ρούχων
à l'endroit où il avait laissé ses vêtements sales
στο μέρος που είχε αφήσει τα βρώμικα ρούχα του
"ce palais appartient certainement à une sorte de fée"
"Σίγουρα αυτό το παλάτι ανήκει σε κάποια ευγενική

νεράιδα"
" une fée qui m'a vu et qui a eu pitié de moi"
" Μια νεράιδα που με είδε και με λυπήθηκε"
il a regardé à travers une fenêtre
κοίταξε από ένα παράθυρο
mais au lieu de neige, il vit le jardin le plus charmant
αλλά αντί για χιόνι είδε τον πιο απολαυστικό κήπο
et dans le jardin il y avait les plus belles roses
και στον κήπο υπήρχαν τα πιο όμορφα τριαντάφυλλα
il est ensuite retourné dans la grande salle
μετά επέστρεψε στη μεγάλη αίθουσα
la salle où il avait mangé de la soupe la veille
το χολ όπου είχε πιει σούπα το προηγούμενο βράδυ
et il a trouvé du chocolat sur une petite table
και βρήκε λίγη σοκολάτα σε ένα τραπεζάκι
« Merci, bonne Madame la Fée », dit-il à voix haute.
«Ευχαριστώ, καλή κυρία Νεράιδα», είπε δυνατά
"Merci d'être si attentionné"
"Ευχαριστώ που νοιάζεσαι"
« Je vous suis extrêmement reconnaissant pour toutes vos faveurs »
«Σας είμαι εξαιρετικά υπόχρεος για όλες τις χάρες σας»
l'homme gentil a bu son chocolat
ο ευγενικός άντρας ήπιε τη σοκολάτα του
et puis il est allé chercher son cheval
και μετά πήγε να ψάξει το άλογό του
mais dans le jardin il se souvint de la demande de Belle
αλλά στον κήπο θυμήθηκε το αίτημα της ομορφιάς
et il coupa une branche de roses
και έκοψε ένα κλαδί από τριαντάφυλλα
immédiatement il entendit un grand bruit
αμέσως άκουσε έναν μεγάλο θόρυβο
et il vit une bête terriblement effrayante
και είδε ένα τρομερά τρομακτικό θηρίο
il était tellement effrayé qu'il était sur le point de s'évanouir
ήταν τόσο φοβισμένος που ήταν έτοιμος να λιποθυμήσει

« Tu es bien ingrat », lui dit la bête.
«Είσαι πολύ αχάριστος», του είπε το θηρίο
et la bête parla d'une voix terrible
και το θηρίο μίλησε με τρομερή φωνή
« Je t'ai sauvé la vie en te laissant entrer dans mon château »
«Σου έσωσα τη ζωή επιτρέποντάς σε να μπεις στο κάστρο μου»
"et pour ça tu me voles mes roses en retour ?"
"Και για αυτό μου κλέβεις τα τριαντάφυλλα σε αντάλλαγμα;"
« Les roses que j'apprécie plus que tout »
"Τα τριαντάφυλλα που εκτιμώ πέρα από οτιδήποτε άλλο"
"mais tu mourras pour ce que tu as fait"
"αλλά θα πεθάνεις για αυτό που έκανες"
« Je ne vous donne qu'un quart d'heure pour vous préparer »
«Σου δίνω μόνο ένα τέταρτο για να προετοιμαστείς»
« Préparez-vous à la mort et dites vos prières »
«Ετοιμαστείτε για θάνατο και κάντε τις προσευχές σας»
le marchand tomba à genoux
ο έμπορος έπεσε στα γόνατα
et il leva ses deux mains
και σήκωσε και τα δύο του χέρια
« Monseigneur, je vous supplie de me pardonner »
«Κύριέ μου, σε παρακαλώ να με συγχωρέσεις»
« Je n'avais aucune intention de t'offenser »
«Δεν είχα σκοπό να σε προσβάλω»
« J'ai cueilli une rose pour une de mes filles »
«Μάζεψα ένα τριαντάφυλλο για μια από τις κόρες μου»
"elle m'a demandé de lui apporter une rose"
"Μου ζήτησε να της φέρω ένα τριαντάφυλλο"
« Je ne suis pas ton seigneur, mais je suis une bête », **répondit le monstre**
«Δεν είμαι ο κύριος σου, αλλά είμαι θηρίο», απάντησε το τέρας
« Je n'aime pas les compliments »
«Δεν μου αρέσουν τα κομπλιμέντα»

« J'aime les gens qui parlent comme ils pensent »
«Μου αρέσουν οι άνθρωποι που μιλούν όπως νομίζουν»
« N'imaginez pas que je puisse être ému par la flatterie »
«Μη φανταστείς ότι μπορεί να με συγκινήσει η κολακεία»
« Mais tu dis que tu as des filles »
«Μα λες ότι έχεις κόρες»
"Je te pardonnerai à une condition"
«Θα σε συγχωρήσω με έναν όρο»
« L'une de vos filles doit venir volontairement à mon palais »
«Μια από τις κόρες σου πρέπει να έρθει στο παλάτι μου πρόθυμα»
"et elle doit souffrir pour toi"
"και πρέπει να υποφέρει για σένα"
« Donne-moi ta parole »
«Άσε με να πω τον λόγο σου»
"et ensuite tu pourras vaquer à tes occupations"
"και μετά μπορείς να ασχοληθείς με την επιχείρησή σου"
« Promets-moi ceci : »
«Υπόσχεσέ μου το εξής:»
"Si votre fille refuse de mourir pour vous, vous devez revenir dans les trois mois"
«Αν η κόρη σου αρνηθεί να πεθάνει για σένα, πρέπει να επιστρέψεις μέσα σε τρεις μήνες»
le marchand n'avait aucune intention de sacrifier ses filles
ο έμπορος δεν είχε καμία πρόθεση να θυσιάσει τις κόρες του
mais, comme on lui en donnait le temps, il voulait revoir ses filles une fois de plus
αλλά, αφού του δόθηκε χρόνος, ήθελε να δει ξανά τις κόρες του
alors il a promis qu'il reviendrait
οπότε υποσχέθηκε ότι θα επέστρεφε
et la bête lui dit qu'il pouvait partir quand il le voudrait
και το θηρίο του είπε ότι μπορεί να ξεκινήσει όταν ήθελε
et la bête lui dit encore une chose

και το θηρίο του είπε κάτι ακόμα
« Tu ne partiras pas les mains vides »
«Δεν θα φύγεις με άδεια χέρια»
« retourne dans la pièce où tu étais allongé »
"πήγαινε πίσω στο δωμάτιο που ξαπλώνεις"
« vous verrez un grand coffre au trésor vide »
"Θα δείτε ένα μεγάλο άδειο σεντούκι θησαυρού"
« Remplissez le coffre aux trésors avec ce que vous préférez »
"γεμίστε το σεντούκι με ό,τι σας αρέσει περισσότερο"
"et j'enverrai le coffre au trésor chez toi"
"και θα στείλω το σεντούκι στο σπίτι σου"
et en même temps la bête s'est retirée
και την ίδια στιγμή το θηρίο αποσύρθηκε
« Eh bien, » se dit le bon homme
«Λοιπόν», είπε μέσα του ο καλός
« Si je dois mourir, je laisserai au moins quelque chose à mes enfants »
«Αν πρέπει να πεθάνω, τουλάχιστον θα αφήσω κάτι στα παιδιά μου»
alors il retourna dans la chambre à coucher
έτσι επέστρεψε στην κρεβατοκάμαρα
et il a trouvé une grande quantité de pièces d'or
και βρήκε πάρα πολλά κομμάτια χρυσού
il a rempli le coffre au trésor que la bête avait mentionné
γέμισε το σεντούκι του θησαυρού που είχε αναφέρει το θηρίο
et il sortit son cheval de l'écurie
και έβγαλε το άλογό του από τον στάβλο
la joie qu'il ressentait en entrant dans le palais était désormais égale à la douleur qu'il ressentait en le quittant
η χαρά που ένιωθε μπαίνοντας στο παλάτι ήταν πλέον ίση με τη θλίψη που ένιωθε φεύγοντας από αυτό
le cheval a pris un des chemins de la forêt
το άλογο πήρε έναν από τους δρόμους του δάσους
et quelques heures plus tard, le bon homme était à la maison

και σε λίγες ώρες ο καλός ήταν σπίτι
ses enfants sont venus à lui
ήρθαν κοντά του τα παιδιά του
mais au lieu de recevoir leurs étreintes avec plaisir, il les regardait
αλλά αντί να δεχτεί τις αγκαλιές τους με ευχαρίστηση, τους κοίταξε
il brandit la branche qu'il tenait dans ses mains
κράτησε ψηλά το κλαδί που είχε στα χέρια του
et puis il a fondu en larmes
και μετά ξέσπασε σε κλάματα
« Belle », dit-il, « s'il te plaît, prends ces roses »
"Ομορφιά", είπε, "παρακαλώ πάρτε αυτά τα τριαντάφυλλα"
"Vous ne pouvez pas savoir à quel point ces roses ont été chères"
"Δεν μπορείς να ξέρεις πόσο ακριβά είναι αυτά τα τριαντάφυλλα"
"Ces roses ont coûté la vie à ton père"
«Αυτά τα τριαντάφυλλα κόστισαν τη ζωή του πατέρα σου»
et puis il raconta sa fatale aventure
και μετά είπε για τη μοιραία του περιπέτεια
immédiatement les deux sœurs aînées crièrent
αμέσως φώναξαν οι δύο μεγαλύτερες αδερφές
et ils ont dit beaucoup de choses méchantes à leur belle sœur
και είπαν πολλά κακά πράγματα στην όμορφη αδερφή τους
mais Belle n'a pas pleuré du tout
αλλά η ομορφιά δεν έκλαψε καθόλου
« Regardez l'orgueil de ce petit misérable », dirent-ils.
«Κοίτα την περηφάνια αυτού του μικρού άθλιου», είπαν
"elle n'a pas demandé de beaux vêtements"
«Δεν ζήτησε ωραία ρούχα»
"Elle aurait dû faire ce que nous avons fait"
«Έπρεπε να είχε κάνει αυτό που κάναμε»
"elle voulait se distinguer"
«Ήθελε να ξεχωρίσει»

"alors maintenant elle sera la mort de notre père"
"Έτσι τώρα θα είναι ο θάνατος του πατέρα μας"
"et pourtant elle ne verse pas une larme"
«Κι όμως δεν χύνει ούτε ένα δάκρυ»
"Pourquoi devrais-je pleurer ?" répondit Belle
«Γιατί να κλάψω;» απάντησε η ομορφιά
« pleurer serait très inutile »
"Το κλάμα θα ήταν πολύ περιττό"
« Mon père ne souffrira pas pour moi »
«Ο πατέρας μου δεν θα υποφέρει για μένα»
"le monstre acceptera une de ses filles"
"Το τέρας θα δεχτεί μια από τις κόρες του"
« Je m'offrirai à toute sa fureur »
«Θα προσφερθώ σε όλη του την οργή»
« Je suis très heureux, car ma mort sauvera la vie de mon père »
«Είμαι πολύ χαρούμενος, γιατί ο θάνατός μου θα σώσει τη ζωή του πατέρα μου»
"ma mort sera une preuve de mon amour"
"Ο θάνατός μου θα είναι απόδειξη της αγάπης μου"
« Non, ma sœur », dirent ses trois frères
«Όχι, αδερφή», είπαν τα τρία αδέρφια της
"cela ne sera pas"
"αυτό δεν θα είναι"
"nous allons chercher le monstre"
«Θα πάμε να βρούμε το τέρας»
"et soit on le tue..."
«Και ή θα τον σκοτώσουμε…»
« … ou nous périrons dans cette tentative »
«... αλλιώς θα χαθούμε στην προσπάθεια»
« N'imaginez rien de tel, mes fils », dit le marchand.
«Μη φανταστείτε κάτι τέτοιο, γιοι μου», είπε ο έμπορος
"La puissance de la bête est si grande que je n'ai aucun espoir que tu puisses la vaincre"
"Η δύναμη του θηρίου είναι τόσο μεγάλη που δεν έχω καμία ελπίδα ότι θα μπορούσες να τον ξεπεράσεις"

« Je suis charmé par l'offre aimable et généreuse de Belle »
«Μαγεύομαι με την ευγενική και γενναιόδωρη προσφορά της ομορφιάς»
"mais je ne peux pas accepter sa générosité"
«αλλά δεν μπορώ να δεχτώ τη γενναιοδωρία της»
« Je suis vieux et je n'ai plus beaucoup de temps à vivre »
«Είμαι μεγάλος και δεν έχω πολύ να ζήσω»
"Je ne peux donc perdre que quelques années"
"έτσι μπορώ να χάσω μόνο μερικά χρόνια"
"un temps que je regrette pour vous, mes chers enfants"
«Χρόνος που μετανιώνω για εσάς, αγαπητά μου παιδιά»
« Mais père », dit Belle
«Μα πατέρα», είπε η καλλονή
"tu n'iras pas au palais sans moi"
"Δεν θα πας στο παλάτι χωρίς εμένα"
"tu ne peux pas m'empêcher de te suivre"
"Δεν μπορείς να με εμποδίσεις να σε ακολουθήσω"
rien ne pourrait convaincre Belle autrement
τίποτα δεν θα μπορούσε να πείσει την ομορφιά για το αντίθετο
elle a insisté pour aller au beau palais
επέμενε να πάει στο ωραίο παλάτι
et ses sœurs étaient ravies de son insistance
και οι αδερφές της χάρηκαν με την επιμονή της
Le marchand était inquiet à l'idée de perdre sa fille
Ο έμπορος ανησυχούσε στη σκέψη ότι θα χάσει την κόρη του
il était tellement inquiet qu'il avait oublié le coffre rempli d'or
ήταν τόσο ανήσυχος που είχε ξεχάσει το σεντούκι γεμάτο χρυσάφι
la nuit, il se retirait pour se reposer et fermait la porte de sa chambre
το βράδυ αποσύρθηκε για να ξεκουραστεί και έκλεισε την πόρτα του θαλάμου του
puis, à sa grande surprise, il trouva le trésor à côté de son lit

τότε, προς μεγάλη του έκπληξη, βρήκε τον θησαυρό δίπλα στο κρεβάτι του
il était déterminé à ne rien dire à ses enfants
ήταν αποφασισμένος να μην το πει στα παιδιά του
s'ils savaient, ils auraient voulu retourner en ville
αν ήξεραν, θα ήθελαν να επιστρέψουν στην πόλη
et il était résolu à ne pas quitter la campagne
και αποφάσισε να μην εγκαταλείψει την ύπαιθρο
mais il confia le secret à Belle
αλλά εμπιστεύτηκε την ομορφιά με το μυστικό
elle l'informa que deux messieurs étaient venus
τον ενημέρωσε ότι είχαν έρθει δύο κύριοι
et ils ont fait des propositions à ses sœurs
και έκαναν προτάσεις στις αδερφές της
elle a supplié son père de consentir à leur mariage
παρακάλεσε τον πατέρα της να συναινέσει στο γάμο τους
et elle lui a demandé de leur donner une partie de sa fortune
και του ζήτησε να τους δώσει λίγη από την περιουσία του
elle leur avait déjà pardonné
τους είχε ήδη συγχωρήσει
les méchantes créatures se frottaient les yeux avec des oignons
τα πονηρά πλάσματα έτριβαν τα μάτια τους με κρεμμύδια
pour forcer quelques larmes quand ils se sont séparés de leur sœur
για να ζορίσουν μερικά δάκρυα όταν χώρισαν με την αδερφή τους
mais ses frères étaient vraiment inquiets
αλλά τα αδέρφια της ανησυχούσαν πραγματικά
Belle était la seule à ne pas verser de larmes
η ομορφιά ήταν η μόνη που δεν έχυσε κανένα δάκρυ
elle ne voulait pas augmenter leur malaise
δεν ήθελε να αυξήσει την ανησυχία τους
le cheval a pris la route directe vers le palais
το άλογο πήρε τον άμεσο δρόμο για το παλάτι
et vers le soir ils virent le palais illuminé

και προς το βράδυ είδαν το φωτισμένο παλάτι
le cheval est rentré à l'écurie
το άλογο ξαναπήγε στον στάβλο
et le bon homme et sa fille entrèrent dans la grande salle
και ο καλός άνθρωπος και η κόρη του πήγαν στη μεγάλη αίθουσα
ici ils ont trouvé une table magnifiquement dressée
εδώ βρήκαν ένα τραπέζι που σερβίρεται υπέροχα
le marchand n'avait pas d'appétit pour manger
ο έμπορος δεν είχε όρεξη να φάει
mais Belle s'efforçait de paraître joyeuse
αλλά η ομορφιά προσπαθούσε να φαίνεται χαρούμενη
elle s'est assise à table et a aidé son père
κάθισε στο τραπέζι και βοήθησε τον πατέρα της
mais elle pensait aussi :
αλλά σκέφτηκε και από μέσα της:
"La bête veut sûrement m'engraisser avant de me manger"
"Το θηρίο θέλει σίγουρα να με παχύνει πριν με φάει"
"c'est pourquoi il offre autant de divertissement"
"γι' αυτό παρέχει τόσο άφθονη ψυχαγωγία"
après avoir mangé, ils entendirent un grand bruit
αφού έφαγαν άκουσαν έναν μεγάλο θόρυβο
et le marchand fit ses adieux à son malheureux enfant, les larmes aux yeux
και ο έμπορος αποχαιρέτησε το άτυχο παιδί του, με δάκρυα στα μάτια
parce qu'il savait que la bête allait venir
γιατί ήξερε ότι το θηρίο ερχόταν
Belle était terrifiée par sa forme horrible
η ομορφιά τρομοκρατήθηκε με την φρικτή μορφή του
mais elle a pris courage du mieux qu'elle a pu
αλλά πήρε κουράγιο όσο καλύτερα μπορούσε
et le monstre lui a demandé si elle était venue volontairement
και το τέρας τη ρώτησε αν ήρθε πρόθυμα
"Oui, je suis venue volontiers", dit-elle en tremblant

«Ναι, ήρθα πρόθυμα», είπε τρέμοντας
la bête répondit : « Tu es très bon »
το θηρίο απάντησε: "Είσαι πολύ καλός"
"et je vous suis très reconnaissant, honnête homme"
«Και είμαι πολύ υποχρεωμένος απέναντί σου• τίμιος άνθρωπος»
« Allez-y demain matin »
"πήγαινε αύριο το πρωί"
"mais ne pense plus jamais à revenir ici"
"αλλά ποτέ μην σκεφτείς να έρθω ξανά εδώ"
« Adieu Belle, adieu bête », répondit-il
«Αντίο ομορφιά, αντίο κτήνος», απάντησε
et immédiatement le monstre s'est retiré
και αμέσως το τέρας αποσύρθηκε
« Oh, ma fille », dit le marchand
«Ω, κόρη», είπε ο έμπορος
et il embrassa sa fille une fois de plus
και αγκάλιασε για άλλη μια φορά την κόρη του
« Je suis presque mort de peur »
«Είμαι σχεδόν φοβισμένος μέχρι θανάτου»
"crois-moi, tu ferais mieux de rentrer"
"Πίστεψέ με, καλύτερα να γυρίσεις πίσω"
"Laisse-moi rester ici, à ta place"
«Άσε με να μείνω εδώ, αντί για σένα»
« Non, père », dit Belle d'un ton résolu.
«Όχι, πατέρα», είπε η ομορφιά, με αποφασιστικό τόνο
"tu partiras demain matin"
"θα ξεκινήσετε αύριο το πρωί"
« Laissez-moi aux soins et à la protection de la Providence »
«Αφήστε με στη φροντίδα και την προστασία της πρόνοιας»
néanmoins ils sont allés se coucher
παρόλα αυτά πήγαν για ύπνο
ils pensaient qu'ils ne fermeraient pas les yeux de la nuit
νόμιζαν ότι δεν θα έκλειναν τα μάτια τους όλη τη νύχτα
mais juste au moment où ils se couchaient, ils s'endormirent

αλλά όπως ξάπλωσαν κοιμήθηκαν
La belle rêva qu'une belle dame venait et lui disait :
Η ομορφιά ονειρευόταν μια ωραία κυρία ήρθε και της είπε:
« Je suis content, Belle, de ta bonne volonté »
«Είμαι ικανοποιημένος, ομορφιά, με την καλή σου θέληση»
« Cette bonne action de votre part ne restera pas sans récompense »
«Αυτή η καλή πράξη σου δεν θα μείνει απαράμιλλη»
Belle s'est réveillée et a raconté son rêve à son père
Η ομορφιά ξύπνησε και είπε στον πατέρα της το όνειρό της
le rêve l'a aidé à se réconforter un peu
το όνειρο τον βοήθησε να τον παρηγορήσει λίγο
mais il ne pouvait s'empêcher de pleurer amèrement en partant
αλλά δεν μπορούσε να μην κλάψει πικρά καθώς έφευγε
Dès qu'il fut parti, Belle s'assit dans la grande salle et pleura aussi
μόλις έφυγε, η ομορφιά κάθισε στη μεγάλη αίθουσα και έκλαψε κι αυτή
mais elle résolut de ne pas s'inquiéter
αλλά αποφάσισε να μην είναι άβολη
elle a décidé d'être forte pour le peu de temps qui lui restait à vivre
αποφάσισε να είναι δυνατή για τον λίγο χρόνο που της είχε απομείνει για να ζήσει
parce qu'elle croyait fermement que la bête la mangerait
γιατί πίστευε ακράδαντα ότι το θηρίο θα την έτρωγε
Cependant, elle pensait qu'elle pourrait aussi bien explorer le palais
ωστόσο, σκέφτηκε ότι θα μπορούσε κάλλιστα να εξερευνήσει το παλάτι
et elle voulait voir le beau château
και ήθελε να δει το ωραίο κάστρο
un château qu'elle ne pouvait s'empêcher d'admirer
ένα κάστρο που δεν μπορούσε να μην θαυμάσει
c'était un palais délicieusement agréable

ήταν ένα απολαυστικά ευχάριστο παλάτι
et elle fut extrêmement surprise de voir une porte
και ξαφνιάστηκε πολύ βλέποντας μια πόρτα
et sur la porte il était écrit que c'était sa chambre
και πάνω από την πόρτα έγραφε ότι ήταν το δωμάτιό της
elle a ouvert la porte à la hâte
άνοιξε την πόρτα βιαστικά
et elle était tout à fait éblouie par la magnificence de la pièce
και ήταν αρκετά έκθαμβη με τη μεγαλοπρέπεια του δωματίου
ce qui a principalement retenu son attention était une grande bibliothèque
αυτό που τράβηξε κυρίως την προσοχή της ήταν μια μεγάλη βιβλιοθήκη
un clavecin et plusieurs livres de musique
ένα τσέμπαλο και πολλά μουσικά βιβλία
« Eh bien, » se dit-elle
«Λοιπόν», είπε μέσα της
« Je vois que la bête ne laissera pas mon temps peser sur moi »
"Βλέπω ότι το θηρίο δεν θα αφήσει τον χρόνο μου να κρεμάσει βαρύ"
puis elle réfléchit à sa situation
μετά σκέφτηκε τον εαυτό της για την κατάστασή της
« Si je devais rester un jour, tout cela ne serait pas là »
«Αν ήταν γραφτό να μείνω μια μέρα, όλα αυτά δεν θα ήταν εδώ»
cette considération lui inspira un courage nouveau
αυτή η σκέψη της ενέπνευσε νέο θάρρος
et elle a pris un livre de sa nouvelle bibliothèque
και πήρε ένα βιβλίο από τη νέα της βιβλιοθήκη
et elle lut ces mots en lettres d'or :
και διάβασε αυτά τα λόγια με χρυσά γράμματα:
« Accueillez Belle, bannissez la peur »
"Καλώς ήρθες ομορφιά, διώξε τον φόβο"
« Vous êtes reine et maîtresse ici »

«Είσαι βασίλισσα και ερωμένη εδώ»
« Exprimez vos souhaits, exprimez votre volonté »
«Πείτε τις επιθυμίες σας, πείτε τη θέλησή σας»
« L'obéissance rapide répond ici à vos souhaits »
"Η γρήγορη υπακοή ικανοποιεί τις επιθυμίες σας εδώ"
« Hélas, dit-elle avec un soupir
«Αλίμονο», είπε εκείνη αναστενάζοντας
« Ce que je souhaite par-dessus tout, c'est revoir mon pauvre père. »
«Πάνω από όλα θέλω να δω τον φτωχό πατέρα μου»
"et j'aimerais savoir ce qu'il fait"
«Και θα ήθελα να μάθω τι κάνει»
Dès qu'elle eut dit cela, elle remarqua le miroir
Μόλις το είπε αυτό, παρατήρησε τον καθρέφτη
à sa grande surprise, elle vit sa propre maison dans le miroir
προς μεγάλη της έκπληξη είδε το δικό της σπίτι στον καθρέφτη
son père est arrivé émotionnellement épuisé
ο πατέρας της έφτασε συναισθηματικά εξαντλημένος
ses sœurs sont allées à sa rencontre
οι αδερφές της πήγαν να τον συναντήσουν
malgré leurs tentatives de paraître tristes, leur joie était visible
παρά τις προσπάθειές τους να φανούν λυπημένοι, η χαρά τους ήταν ορατή
un instant plus tard, tout a disparu
μια στιγμή αργότερα όλα εξαφανίστηκαν
et les appréhensions de Belle ont également disparu
και οι φοβίες της ομορφιάς εξαφανίστηκαν επίσης
car elle savait qu'elle pouvait faire confiance à la bête
γιατί ήξερε ότι μπορούσε να εμπιστευτεί το θηρίο
À midi, elle trouva le dîner prêt
Το μεσημέρι βρήκε έτοιμο το δείπνο
elle s'est assise à la table
κάθισε η ίδια στο τραπέζι
et elle a été divertie avec un concert de musique

και διασκέδασε με μια συναυλία μουσικής
même si elle ne pouvait voir personne
αν και δεν μπορούσε να δει κανέναν
le soir, elle s'est à nouveau assise pour dîner
το βράδυ κάθισε πάλι για δείπνο
cette fois elle entendit le bruit que faisait la bête
αυτή τη φορά άκουσε τον θόρυβο που έκανε το θηρίο
et elle ne pouvait s'empêcher d'être terrifiée
και δεν μπορούσε να μην είναι τρομοκρατημένη
"Belle", dit le monstre
«Ομορφιά», είπε το τέρας
"est-ce que tu me permets de manger avec toi ?"
"Μου επιτρέπεις να φάω μαζί σου;"
« Fais comme tu veux », répondit Belle en tremblant
«Κάνε ό,τι θέλεις», απάντησε η ομορφιά τρέμοντας
"Non", répondit la bête
«Όχι», απάντησε το θηρίο
"tu es seule la maîtresse ici"
"Εσύ είσαι ερωμένη εδώ"
"tu peux me renvoyer si je suis gênant"
"Μπορείς να με διώξεις αν είμαι ενοχλητικός"
« renvoyez-moi et je me retirerai immédiatement »
«Στείλτε με και θα αποσυρθώ αμέσως»
« Mais dis-moi, ne me trouves-tu pas très laide ? »
«Μα, πες μου• δεν νομίζεις ότι είμαι πολύ άσχημος;»
"C'est vrai", dit Belle
«Αυτό είναι αλήθεια», είπε η καλλονή
« Je ne peux pas mentir »
«Δεν μπορώ να πω ψέματα»
"mais je crois que tu es de très bonne nature"
"αλλά πιστεύω ότι είσαι πολύ καλός"
« Je le suis en effet », dit le monstre
«Είμαι πράγματι», είπε το τέρας
« Mais à part ma laideur, je n'ai pas non plus de bon sens »
«Μα εκτός από την ασχήμια μου, δεν έχω και λογική»
« Je sais très bien que je suis une créature stupide »

«Ξέρω πολύ καλά ότι είμαι ένα ανόητο πλάσμα»
« Ce n'est pas un signe de folie de penser ainsi », répondit Belle.
«Δεν είναι σημάδι ανοησίας να το πιστεύεις», απάντησε η καλλονή
« Mange donc, belle », dit le monstre
«Φάε τότε, ομορφιά», είπε το τέρας
« essaie de t'amuser dans ton palais »
"προσπάθησε να διασκεδάσεις στο παλάτι σου"
"tout ici est à toi"
"όλα εδώ είναι δικά σου"
"et je serais très mal à l'aise si tu n'étais pas heureux"
«Και θα ήμουν πολύ άβολα αν δεν ήσουν ευχαριστημένος»
« Vous êtes très obligeant », répondit Belle
«Είσαι πολύ υποχρεωμένη», απάντησε η ομορφιά
« J'avoue que je suis heureux de votre gentillesse »
«Ομολογώ ότι είμαι ευχαριστημένος με την καλοσύνη σου»
« et quand je considère votre gentillesse, je remarque à peine vos difformités »
"Και όταν σκέφτομαι την καλοσύνη σου, δεν παρατηρώ σχεδόν τις παραμορφώσεις σου"
« Oui, oui, dit la bête, mon cœur est bon.
«Ναι, ναι», είπε το θηρίο, «η καρδιά μου είναι καλή
"mais même si je suis bon, je suis toujours un monstre"
"αλλά παρόλο που είμαι καλός, εξακολουθώ να είμαι ένα τέρας"
« Il y a beaucoup d'hommes qui méritent ce nom plus que toi »
"Υπάρχουν πολλοί άντρες που αξίζουν αυτό το όνομα περισσότερο από εσένα"
"et je te préfère tel que tu es"
"και σε προτιμώ όπως είσαι"
"et je te préfère à ceux qui cachent un cœur ingrat"
"και σε προτιμώ περισσότερο από αυτούς που κρύβουν μια αχάριστη καρδιά"
"Si seulement j'avais un peu de bon sens", répondit la bête

«Αν είχα λίγη λογική», απάντησε το θηρίο
"Si j'avais du bon sens, je vous ferais un beau compliment pour vous remercier"
"Αν είχα νόημα θα έκανα ένα καλό κομπλιμέντο για να σε ευχαριστήσω"
"mais je suis si ennuyeux"
"αλλά είμαι τόσο βαρετή"
« Je peux seulement dire que je vous suis très reconnaissant »
«Μπορώ μόνο να πω ότι σας είμαι πολύ υποχρεωμένος»
Belle a mangé un copieux souper
η ομορφιά έφαγε ένα χορταστικό δείπνο
et elle avait presque vaincu sa peur du monstre
και είχε σχεδόν νικήσει τον τρόμο της για το τέρας
mais elle a voulu s'évanouir lorsque la bête lui a posé la question suivante
αλλά ήθελε να λιποθυμήσει όταν το θηρίο της έκανε την επόμενη ερώτηση
"Belle, veux-tu être ma femme ?"
«Ομορφιά, θα γίνεις γυναίκα μου;»
elle a mis du temps avant de pouvoir répondre
πήρε λίγο χρόνο για να μπορέσει να απαντήσει
parce qu'elle avait peur de le mettre en colère
γιατί φοβόταν μην τον θυμώσει
Mais finalement elle dit "non, bête"
επιτέλους, όμως, είπε "όχι, θηρίο"
immédiatement le pauvre monstre siffla très effroyablement
αμέσως το καημένο το τέρας σφύριξε πολύ τρομακτικά
et tout le palais résonna
και ολόκληρο το παλάτι αντήχησε
mais Belle se remit bientôt de sa frayeur
αλλά η ομορφιά σύντομα συνήλθε από τον τρόμο της
parce que la bête parla encore d'une voix lugubre
γιατί το θηρίο μίλησε ξανά με πένθιμη φωνή
"Alors adieu, Belle"
"τότε αντίο, ομορφιά"

et il ne se retournait que de temps en temps
και γύριζε μόνο πίσω που και που
de la regarder alors qu'il sortait
να την κοιτάζει καθώς έβγαινε έξω
maintenant Belle était à nouveau seule
τώρα η ομορφιά ήταν πάλι μόνη
elle ressentait beaucoup de compassion
ένιωθε μεγάλη συμπόνια
"Hélas, c'est mille fois dommage"
«Αλίμονο, είναι χίλια κρίμα»
"tout ce qui est si bon ne devrait pas être si laid"
"Οτιδήποτε τόσο καλό είναι να μην είναι τόσο άσχημο"
Belle a passé trois mois très heureuse dans le palais
η καλλονή πέρασε τρεις μήνες πολύ ικανοποιημένη στο παλάτι
chaque soir la bête lui rendait visite
κάθε απόγευμα το θηρίο την επισκεπτόταν
et ils ont parlé pendant le dîner
και μίλησαν κατά τη διάρκεια του δείπνου
ils ont parlé avec bon sens
μιλούσαν με κοινή λογική
mais ils ne parlaient pas avec ce que les gens appellent de l'esprit
αλλά δεν μίλησαν με αυτό που οι άνθρωποι αποκαλούν πνευματώδη
Belle a toujours découvert un caractère précieux dans la bête
η ομορφιά πάντα ανακάλυπτε κάποιο πολύτιμο χαρακτήρα στο θηρίο
et elle s'était habituée à sa difformité
και είχε συνηθίσει την παραμόρφωσή του
elle ne redoutait plus le moment de sa visite
δεν φοβόταν πια την ώρα της επίσκεψής του
maintenant elle regardait souvent sa montre
τώρα κοίταζε συχνά το ρολόι της
et elle ne pouvait pas attendre qu'il soit neuf heures
και ανυπομονούσε να είναι εννιά η ώρα

car la bête ne manquait jamais de venir à cette heure-là
γιατί το θηρίο δεν έχασε ποτέ να έρθει εκείνη την ώρα
il n'y avait qu'une seule chose qui concernait Belle
υπήρχε μόνο ένα πράγμα που αφορούσε την ομορφιά
chaque soir avant d'aller au lit, la bête lui posait la même question
κάθε βράδυ πριν πάει για ύπνο το θηρίο της έκανε την ίδια ερώτηση
le monstre lui a demandé si elle voulait être sa femme
το τέρας τη ρώτησε αν θα ήταν γυναίκα του
un jour elle lui dit : "bête, tu me mets très mal à l'aise"
μια μέρα του είπε, "θηρίο, με κάνεις πολύ ανήσυχο"
« J'aimerais pouvoir consentir à t'épouser »
«Μακάρι να μπορούσα να συναινέσω να σε παντρευτώ»
"mais je suis trop sincère pour te faire croire que je t'épouserais"
"αλλά είμαι πολύ ειλικρινής για να σε κάνω να πιστέψεις ότι θα σε παντρευόμουν"
"Notre mariage n'aura jamais lieu"
«Ο γάμος μας δεν θα γίνει ποτέ»
« Je te verrai toujours comme un ami »
«Θα σε βλέπω πάντα σαν φίλο»
"S'il vous plaît, essayez d'être satisfait de cela"
"Προσπαθήστε να είστε ικανοποιημένοι με αυτό"
« Je dois me contenter de cela », dit la bête
«Πρέπει να είμαι ικανοποιημένος με αυτό», είπε το θηρίο
« Je connais mon propre malheur »
«Ξέρω τη δική μου ατυχία»
"mais je t'aime avec la plus tendre affection"
"αλλά σε αγαπώ με την πιο τρυφερή στοργή"
« Cependant, je devrais me considérer comme heureux »
«Ωστόσο, θα έπρεπε να θεωρώ τον εαυτό μου ευτυχισμένο»
"et je serais heureux que tu restes ici"
"Και θα χαίρομαι που θα μείνεις εδώ"
"promets-moi de ne jamais me quitter"
«Υπόσχεσέ μου να μην με αφήσεις ποτέ»

Belle rougit à ces mots
η ομορφιά κοκκίνισε με αυτά τα λόγια
Un jour, Belle se regardait dans son miroir
μια μέρα η ομορφιά κοιτούσε στον καθρέφτη της
son père s'était inquiété à mort pour elle
ο πατέρας της είχε ανησυχήσει άρρωστος για εκείνη
elle avait plus que jamais envie de le revoir
λαχταρούσε να τον ξαναδεί περισσότερο από ποτέ
« Je pourrais te promettre de ne jamais te quitter complètement »
«Θα μπορούσα να υποσχεθώ ότι δεν θα σε αφήσω ποτέ εντελώς»
"mais j'ai tellement envie de voir mon père"
"αλλά έχω τόσο μεγάλη επιθυμία να δω τον πατέρα μου"
« Je serais terriblement contrarié si tu disais non »
«Θα στεναχωριόμουν απίστευτα αν μου πεις όχι»
« Je préfère mourir moi-même », dit le monstre
«Προτιμώ να πεθάνω εγώ», είπε το τέρας
« Je préférerais mourir plutôt que de te mettre mal à l'aise »
«Προτιμώ να πεθάνω παρά να σε κάνω να νιώθεις ανησυχία»
« Je t'enverrai vers ton père »
«Θα σε στείλω στον πατέρα σου»
"tu resteras avec lui"
«θα μείνεις μαζί του»
"et cette malheureuse bête mourra de chagrin à la place"
"και αυτό το άτυχο θηρίο θα πεθάνει με θλίψη"
« Non », dit Belle en pleurant
«Όχι», είπε η καλλονή κλαίγοντας
"Je t'aime trop pour être la cause de ta mort"
«Σε αγαπώ πάρα πολύ για να είμαι η αιτία του θανάτου σου»
"Je te promets de revenir dans une semaine"
"Σου δίνω την υπόσχεσή μου να επιστρέψω σε μια εβδομάδα"
« Tu m'as montré que mes sœurs sont mariées »

«Μου έδειξες ότι οι αδερφές μου είναι παντρεμένες»
« et mes frères sont partis à l'armée »
"και τα αδέρφια μου πήγαν στρατό"
« laisse-moi rester une semaine avec mon père, car il est seul »
«Αφήστε με να μείνω μια εβδομάδα με τον πατέρα μου, γιατί είναι μόνος»
« Tu seras là demain matin », dit la bête
«Θα είσαι εκεί αύριο το πρωί», είπε το θηρίο
"mais souviens-toi de ta promesse"
"αλλά θυμήσου την υπόσχεσή σου"
« Il vous suffit de poser votre bague sur une table avant d'aller vous coucher »
"Χρειάζεται μόνο να βάλεις το δαχτυλίδι σου σε ένα τραπέζι πριν πέσεις για ύπνο"
"et alors tu seras ramené avant le matin"
«Και μετά θα σε φέρουν πίσω πριν το πρωί»
« Adieu chère Belle », soupira la bête
«Αντίο καλή μου ομορφιά», αναστέναξε το θηρίο
Belle s'est couchée très triste cette nuit-là
η ομορφιά πήγε για ύπνο πολύ λυπημένη εκείνο το βράδυ
parce qu'elle ne voulait pas voir la bête si inquiète
γιατί δεν ήθελε να δει θηρίο τόσο ανήσυχη
le lendemain matin, elle se retrouva chez son père
το επόμενο πρωί βρέθηκε στο σπίτι του πατέρα της
elle a sonné une petite cloche à côté de son lit
χτύπησε ένα μικρό κουδούνι δίπλα στο κρεβάτι της
et la servante poussa un grand cri
και η υπηρέτρια έκανε μια δυνατή κραυγή
et son père a couru à l'étage
και ο πατέρας της έτρεξε πάνω
il pensait qu'il allait mourir de joie
νόμιζε ότι θα πέθαινε από χαρά
il l'a tenue dans ses bras pendant un quart d'heure
την κράτησε στην αγκαλιά του για ένα τέταρτο της ώρας
Finalement, les premières salutations étaient terminées

τελικά τελείωσαν οι πρώτοι χαιρετισμοί
Belle a commencé à penser à sortir du lit
η ομορφιά άρχισε να σκέφτεται να σηκωθεί από το κρεβάτι
mais elle s'est rendu compte qu'elle n'avait apporté aucun vêtement
αλλά συνειδητοποίησε ότι δεν είχε φέρει ρούχα
mais la servante lui a dit qu'elle avait trouvé une boîte
αλλά η υπηρέτρια της είπε ότι είχε βρει ένα κουτί
le grand coffre était plein de robes et de robes
ο μεγάλος κορμός ήταν γεμάτος τουαλέτες και φορέματα
chaque robe était couverte d'or et de diamants
κάθε φόρεμα ήταν καλυμμένο με χρυσό και διαμάντια
La Belle a remercié la Bête pour ses bons soins
η ομορφιά ευχαρίστησε τον θηρίο για την ευγενική του φροντίδα
et elle a pris l'une des robes les plus simples
και πήρε ένα από τα πιο απλά φορέματα
elle avait l'intention de donner les autres robes à ses sœurs
σκόπευε να δώσει τα άλλα φορέματα στις αδερφές της
mais à cette pensée le coffre de vêtements disparut
αλλά σε αυτή τη σκέψη το σεντούκι με τα ρούχα εξαφανίστηκε
la bête avait insisté sur le fait que les vêtements étaient pour elle seulement
Το θηρίο είχε επιμείνει ότι τα ρούχα ήταν μόνο για εκείνη
son père lui a dit que c'était le cas
ο πατέρας της της είπε ότι έτσι ήταν
et aussitôt le coffre de vêtements est revenu
και αμέσως το μπαούλο των ρούχων ξαναγύρισε
Belle s'est habillée avec ses nouveaux vêtements
η καλλονή ντύθηκε η ίδια με τα νέα της ρούχα
et pendant ce temps les servantes allèrent chercher ses sœurs
και στο μεταξύ υπηρέτριες πήγαν να βρουν τις αδερφές της
ses deux sœurs étaient avec leurs maris
και η αδερφή της ήταν με τους συζύγους τους
mais ses deux sœurs étaient très malheureuses

αλλά και οι δύο αδερφές της ήταν πολύ δυστυχισμένες
sa sœur aînée avait épousé un très beau gentleman
η μεγαλύτερη αδερφή της είχε παντρευτεί έναν πολύ όμορφο κύριο
mais il était tellement amoureux de lui-même qu'il négligeait sa femme
αλλά αγαπούσε τόσο τον εαυτό του που παραμέλησε τη γυναίκα του
sa deuxième sœur avait épousé un homme spirituel
η δεύτερη αδερφή της είχε παντρευτεί έναν πνευματώδη άντρα
mais il a utilisé son esprit pour tourmenter les gens
αλλά χρησιμοποίησε την εξυπνάδα του για να βασανίσει τους ανθρώπους
et il tourmentait surtout sa femme
και βασάνιζε περισσότερο τη γυναίκα του
Les sœurs de Belle l'ont vue habillée comme une princesse
οι αδερφές της καλλονής την είδαν ντυμένη σαν πριγκίπισσα
et ils furent écœurés d'envie
και αρρώστησαν από φθόνο
maintenant elle était plus belle que jamais
τώρα ήταν πιο όμορφη από ποτέ
son comportement affectueux n'a pas pu étouffer leur jalousie
η στοργική της συμπεριφορά δεν μπορούσε να καταπνίξει τη ζήλια τους
elle leur a dit combien elle était heureuse avec la bête
τους είπε πόσο χαρούμενη ήταν με το θηρίο
et leur jalousie était prête à éclater
και η ζήλια τους ήταν έτοιμη να σκάσει
Ils descendirent dans le jardin pour pleurer leur malheur
Κατέβηκαν στον κήπο για να κλάψουν για την ατυχία τους
« En quoi cette petite créature est-elle meilleure que nous ? »
«Με ποιον τρόπο αυτό το μικρό πλάσμα είναι καλύτερο από εμάς;»

« Pourquoi devrait-elle être tellement plus heureuse ? »
«Γιατί να είναι τόσο πιο χαρούμενη;»
« Sœur », dit la sœur aînée
«Αδερφή», είπε η μεγαλύτερη αδερφή
"une pensée vient de me traverser l'esprit"
"Μια σκέψη μου ήρθε στο μυαλό"
« Essayons de la garder ici plus d'une semaine »
"Ας προσπαθήσουμε να την κρατήσουμε εδώ για περισσότερο από μια εβδομάδα"
"Peut-être que cela fera enrager ce monstre idiot"
"ίσως αυτό εξοργίσει το ανόητο τέρας"
« parce qu'elle aurait manqué à sa parole »
"γιατί θα είχε παραβιάσει τον λόγο της"
"et alors il pourrait la dévorer"
«και τότε μπορεί να την καταβροχθίσει»
"C'est une excellente idée", répondit l'autre sœur
«Είναι υπέροχη ιδέα», απάντησε η άλλη αδερφή
« Nous devons lui montrer autant de gentillesse que possible »
«Πρέπει να της δείξουμε όσο το δυνατόν περισσότερη ευγένεια»
les sœurs en ont fait leur résolution
οι αδερφές έκαναν αυτό το ψήφισμά τους
et ils se sont comportés très affectueusement envers leur sœur
και συμπεριφέρθηκαν πολύ στοργικά στην αδερφή τους
pauvre Belle pleurait de joie à cause de toute leur gentillesse
η καημένη ομορφιά έκλαψε από χαρά από όλη τους την καλοσύνη
quand la semaine fut expirée, ils pleurèrent et s'arrachèrent les cheveux
όταν έληξε η εβδομάδα, έκλαιγαν και έσκισαν τα μαλλιά τους
ils semblaient si désolés de se séparer d'elle
έδειχναν τόσο λυπημένοι που την αποχωρίζονταν
et Belle a promis de rester une semaine de plus

και η ομορφιά υποσχέθηκε να μείνει μια εβδομάδα παραπάνω
Pendant ce temps, Belle ne pouvait s'empêcher de réfléchir sur elle-même
Στο μεταξύ, η ομορφιά δεν μπορούσε να μην σκεφτεί τον εαυτό της
elle s'inquiétait de ce qu'elle faisait à la pauvre bête
ανησύχησε τι έκανε στο καημένο θηρίο
elle sait qu'elle l'aimait sincèrement
ξέρει ότι τον αγαπούσε ειλικρινά
et elle avait vraiment envie de le revoir
και λαχταρούσε πολύ να τον ξαναδεί
la dixième nuit qu'elle a passée chez son père aussi
τη δέκατη νύχτα που πέρασε και στον πατέρα της
elle a rêvé qu'elle était dans le jardin du palais
ονειρευόταν ότι ήταν στον κήπο του παλατιού
et elle rêva qu'elle voyait la bête étendue sur l'herbe
και ονειρεύτηκε ότι είδε το θηρίο απλωμένο στο γρασίδι
il semblait lui faire des reproches d'une voix mourante
φάνηκε να την κατακρίνει με μια ετοιμοθάνατη φωνή
et il l'accusa d'ingratitude
και την κατηγόρησε για αχαριστία
Belle s'est réveillée de son sommeil
η καλλονή ξύπνησε από τον ύπνο της
et elle a fondu en larmes
και ξέσπασε σε κλάματα
« Ne suis-je pas très méchant ? »
«Δεν είμαι πολύ κακός;»
« N'était-ce pas cruel de ma part d'agir si méchamment envers la bête ? »
«Δεν ήταν σκληρό εκ μέρους μου που φέρθηκα τόσο άσχημα στο θηρίο;»
"la bête a tout fait pour me faire plaisir"
"Το θηρίο έκανε τα πάντα για να με ευχαριστήσει"
« Est-ce sa faute s'il est si laid ? »
«Φταίει που είναι τόσο άσχημος;

« Est-ce sa faute s'il a si peu d'esprit ? »
«Φταίει που έχει τόσο λίγη εξυπνάδα;»
« Il est gentil et bon, et cela suffit »
«Είναι ευγενικός και καλός και αυτό αρκεί»
« Pourquoi ai-je refusé de l'épouser ? »
«Γιατί αρνήθηκα να τον παντρευτώ;»
« Je devrais être heureux avec le monstre »
«Θα έπρεπε να είμαι χαρούμενος με το τέρας»
« regarde les maris de mes sœurs »
«Κοίτα τους άντρες των αδερφών μου»
« Ni l'esprit, ni la beauté ne les rendent bons »
"Ούτε η πνευματώδης, ούτε το να είσαι όμορφος τους κάνει καλούς"
« aucun de leurs maris ne les rend heureuses »
"κανένας από τους συζύγους τους δεν τους κάνει ευτυχισμένους"
« mais la vertu, la douceur de caractère et la patience »
«αλλά η αρετή, η γλυκύτητα της ιδιοσυγκρασίας και η υπομονή»
"ces choses rendent une femme heureuse"
«Αυτά τα πράγματα κάνουν μια γυναίκα ευτυχισμένη»
"et la bête a toutes ces qualités précieuses"
"και το θηρίο έχει όλες αυτές τις πολύτιμες ιδιότητες"
"c'est vrai, je ne ressens pas de tendresse et d'affection pour lui"
"Είναι αλήθεια, δεν νιώθω την τρυφερότητα της στοργής για αυτόν"
"mais je trouve que j'éprouve la plus grande gratitude envers lui"
«Αλλά θεωρώ ότι του τρέφω τη μεγαλύτερη ευγνωμοσύνη»
"et j'ai la plus haute estime pour lui"
«Και τον εκτιμώ πολύ»
"et il est mon meilleur ami"
«Και είναι ο καλύτερός μου φίλος»
« Je ne le rendrai pas malheureux »
«Δεν θα τον κάνω μίζερο»

« Si j'étais si ingrat, je ne me le pardonnerais jamais »
«Αν ήμουν τόσο αχάριστος δεν θα συγχωρούσα ποτέ τον εαυτό μου»
Belle a posé sa bague sur la table
η ομορφιά έβαλε το δαχτυλίδι της στο τραπέζι
et elle est retournée au lit
και πήγε ξανά στο κρεβάτι
à peine était-elle au lit qu'elle s'endormit
ήταν σπάνια στο κρεβάτι πριν την πάρει ο ύπνος
elle s'est réveillée à nouveau le lendemain matin
ξύπνησε ξανά το επόμενο πρωί
et elle était ravie de se retrouver dans le palais de la bête
και ήταν πολύ χαρούμενη που βρέθηκε στο παλάτι του θηρίου
elle a mis une de ses plus belles robes pour lui faire plaisir
φόρεσε ένα από τα ωραιότερα φορέματά της για να τον ευχαριστήσει
et elle attendait patiemment le soir
και περίμενε υπομονετικά το βράδυ
enfin l' heure tant souhaitée est arrivée
ήρθε η πολυπόθητη ώρα
L'horloge a sonné neuf heures, mais aucune bête n'est apparue
το ρολόι χτύπησε εννιά, αλλά κανένα θηρίο δεν εμφανίστηκε
La belle craignit alors d'avoir été la cause de sa mort
τότε η ομορφιά φοβήθηκε ότι ήταν η αιτία του θανάτου του
elle a couru en pleurant dans tout le palais
έτρεξε κλαίγοντας σε όλο το παλάτι
après l'avoir cherché partout, elle se souvint de son rêve
αφού τον αναζήτησε παντού, θυμήθηκε το όνειρό της
et elle a couru vers le canal dans le jardin
και έτρεξε στο κανάλι του κήπου
là elle a trouvé la pauvre bête étendue
εκεί βρήκε το καημένο θηρίο απλωμένο
et elle était sûre de l'avoir tué

και ήταν σίγουρη ότι τον είχε σκοτώσει
elle se jeta sur lui sans aucune crainte
πετάχτηκε πάνω του χωρίς κανένα φόβο
son cœur battait encore
η καρδιά του χτυπούσε ακόμα
elle est allée chercher de l'eau au canal
πήρε λίγο νερό από το κανάλι
et elle versa l'eau sur sa tête
και του έριξε το νερό στο κεφάλι
la bête ouvrit les yeux et parla à Belle
το θηρίο άνοιξε τα μάτια του και μίλησε στην ομορφιά
« Tu as oublié ta promesse »
«Ξέχασες την υπόσχεσή σου»
« J'étais tellement navrée de t'avoir perdu »
«Ήμουν τόσο ραγισμένη που σε έχασα»
« J'ai décidé de me laisser mourir de faim »
«Αποφάσισα να λιμοκτονήσω»
"**mais j'ai le bonheur de te revoir une fois de plus**"
"αλλά έχω την ευτυχία να σε ξαναδώ"
"**j'ai donc le plaisir de mourir satisfait**"
"Έτσι έχω τη χαρά να πεθάνω ικανοποιημένος"
« Non, chère bête », dit Belle, **« tu ne dois pas mourir »**
«Όχι, αγαπητό κτήνος», είπε η καλλονή, «δεν πρέπει να πεθάνεις»
« Vis pour être mon mari »
«Ζήσε για να γίνεις άντρας μου»
"**à partir de maintenant je te donne ma main**"
"Από αυτή τη στιγμή σου δίνω το χέρι μου"
"**et je jure de n'être que le tien**"
"και ορκίζομαι να μην είμαι άλλος παρά δικός σου"
« Hélas ! Je pensais n'avoir que de l'amitié pour toi »
"Αλίμονο! Νόμιζα ότι είχα μόνο μια φιλία για σένα"
« mais la douleur que je ressens maintenant m'en convainc » ;
«Αλλά η θλίψη που νιώθω τώρα με πείθει•»
"**Je ne peux pas vivre sans toi**"

"Δεν μπορώ να ζήσω χωρίς εσένα"
Belle avait à peine prononcé ces mots lorsqu'elle vit une lumière
η ομορφιά σπάνια είχε πει αυτά τα λόγια όταν είδε ένα φως
le palais scintillait de lumière
το παλάτι άστραφτε από φως
des feux d'artifice ont illuminé le ciel
πυροτεχνήματα φώτισαν τον ουρανό
et l'air rempli de musique
και ο αέρας γέμισε μουσική
tout annonçait un grand événement
όλα έδιναν ειδοποίηση για κάποιο σπουδαίο γεγονός
mais rien ne pouvait retenir son attention
αλλά τίποτα δεν μπορούσε να κρατήσει την προσοχή της
elle s'est tournée vers sa chère bête
στράφηκε στο αγαπημένο της θηρίο
la bête pour laquelle elle tremblait de peur
το θηρίο για το οποίο έτρεμε από φόβο
mais sa surprise fut grande face à ce qu'elle vit !
αλλά η έκπληξή της ήταν μεγάλη με αυτό που είδε!
la bête avait disparu
το θηρίο είχε εξαφανιστεί
Au lieu de cela, elle a vu le plus beau prince
αντίθετα είδε τον ωραιότερο πρίγκιπα
elle avait mis fin au sort
είχε βάλει τέλος στο ξόρκι
un sort sous lequel il ressemblait à une bête
ένα ξόρκι κάτω από το οποίο έμοιαζε με θηρίο
ce prince était digne de toute son attention
αυτός ο πρίγκιπας άξιζε όλη της την προσοχή
mais elle ne pouvait s'empêcher de demander où était la bête
αλλά δεν μπορούσε να μην ρωτήσει πού ήταν το θηρίο
« Vous le voyez à vos pieds », dit le prince
«Τον βλέπεις στα πόδια σου», είπε ο πρίγκιπας
« Une méchante fée m'avait condamné »
«Μια κακή νεράιδα με είχε καταδικάσει»

« Je devais rester dans cette forme jusqu'à ce qu'une belle princesse accepte de m'épouser »
«Έπρεπε να παραμείνω σε αυτή τη φόρμα μέχρι που μια όμορφη πριγκίπισσα συμφώνησε να με παντρευτεί»
"la fée a caché ma compréhension"
"Η νεράιδα έκρυψε την κατανόησή μου"
« tu étais le seul assez généreux pour être charmé par la bonté de mon caractère »
"Ήσουν ο μόνος αρκετά γενναιόδωρος που σε γοητεύει η καλοσύνη της ιδιοσυγκρασίας μου"
Belle était agréablement surprise
η ομορφιά ξαφνιάστηκε ευτυχώς
et elle donna sa main au charmant prince
και έδωσε το χέρι της στον γοητευτικό πρίγκιπα
ils sont allés ensemble au château
πήγαν μαζί στο κάστρο
et Belle fut ravie de retrouver son père au château
και η ομορφιά χάρηκε που βρήκε τον πατέρα της στο κάστρο
et toute sa famille était là aussi
και όλη η οικογένειά της ήταν επίσης εκεί
même la belle dame qui lui était apparue dans son rêve était là
ακόμη και η όμορφη κυρία που εμφανίστηκε στο όνειρό της ήταν εκεί
"Belle", dit la dame du rêve
«Ομορφιά», είπε η κυρία από το όνειρο
« viens et reçois ta récompense »
"έλα να λάβεις την ανταμοιβή σου"
« Vous avez préféré la vertu à l'esprit ou à l'apparence »
"προτιμάς την αρετή από την εξυπνάδα ή την εμφάνιση"
"et tu mérites quelqu'un chez qui ces qualités sont réunies"
"και σου αξίζει κάποιος στον οποίο ενώνονται αυτές οι ιδιότητες"
"tu vas être une grande reine"
"θα γίνεις μεγάλη βασίλισσα"

« J'espère que le trône ne diminuera pas votre vertu »
«Ελπίζω ότι ο θρόνος δεν θα μειώσει την αρετή σου»
puis la fée se tourna vers les deux sœurs
τότε η νεράιδα στράφηκε προς τις δύο αδερφές
« J'ai vu à l'intérieur de vos cœurs »
«Έχω δει μέσα στις καρδιές σου»
"et je connais toute la méchanceté que contiennent vos cœurs"
"Και ξέρω όλη την κακία που περιέχει η καρδιά σου"
« Vous deux deviendrez des statues »
"Εσείς οι δύο θα γίνετε αγάλματα"
"mais vous garderez votre esprit"
"αλλά θα έχεις το μυαλό σου"
« Tu te tiendras aux portes du palais de ta sœur »
«Θα σταθείς στις πύλες του παλατιού της αδερφής σου»
"Le bonheur de ta sœur sera ta punition"
"Η ευτυχία της αδερφής σου θα είναι η τιμωρία σου"
« vous ne pourrez pas revenir à vos anciens états »
"Δεν θα μπορέσεις να επιστρέψεις στις προηγούμενες πολιτείες σου"
« à moins que vous n'admettiez tous les deux vos fautes »
"εκτός αν παραδεχτείτε και οι δύο τα λάθη σας"
"mais je prévois que vous resterez toujours des statues"
"αλλά προβλέπω ότι θα παραμείνετε πάντα αγάλματα"
« L'orgueil, la colère, la gourmandise et l'oisiveté sont parfois vaincus »
«Η υπερηφάνεια, ο θυμός, η λαιμαργία και η αδράνεια μερικές φορές κατακτώνται»
" mais la conversion des esprits envieux et malveillants sont des miracles "
" Αλλά η μεταστροφή των φθονερών και κακόβουλων μυαλών είναι θαύματα"
immédiatement la fée donna un coup de baguette
αμέσως η νεράιδα έδωσε ένα εγκεφαλικό με το ραβδί της
et en un instant tous ceux qui étaient dans la salle furent transportés

και σε μια στιγμή μεταφέρθηκαν όλα όσα ήταν στην αίθουσα
ils étaient entrés dans les domaines du prince
είχαν πάει στα κτήματα του πρίγκιπα
les sujets du prince l'ont reçu avec joie
οι υπήκοοι του πρίγκιπα τον δέχτηκαν με χαρά
le prêtre a épousé Belle et la bête
ο ιερέας παντρεύτηκε την ομορφιά και το θηρίο
et il a vécu avec elle de nombreuses années
και έζησε μαζί της πολλά χρόνια
et leur bonheur était complet
και η ευτυχία τους ήταν πλήρης
parce que leur bonheur était fondé sur la vertu
γιατί η ευτυχία τους θεμελιώθηκε στην αρετή

La fin
Το Τέλος

www.tranzlaty.com